AF590165

Première Lettre du cardinal d'Yorck *au roi d'Angleterre.*

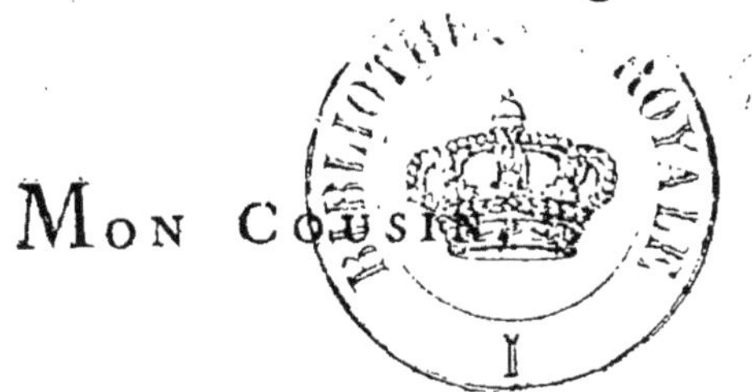

Mon Cousin,

J'ai lu avec tout l'intérêt que je prends et prendrai toujours à mon royaume d'Angleterre, la réponse faite en votre nom, aux propositions de paix que vous avait adressées le premier Consul de la République française. J'y ai remarqué, avec plaisir, autant de justesse d'esprit que de sentimens d'humanité ; mais ce qui m'a causé la satisfaction la plus vive, c'est la déclaration que vous y faites que *les obstacles qui s'opposent aux négociations de paix, pourraient être écartés par le rétablissement de cette race de princes qui, durant tant de siècles, surent maintenir au dedans la prospérité de la nation française, et lui assurer de la considération et du respect au dehors.*

Tout le monde reconnaîtra sans doute, à ce langage, la franchise, la force de raisonnement, et sur-tout la prudence qui, depuis tant d'années, caractérisent le cabinet britannique.

En effet, et d'abord en ce qui concerne la franchise, qui pourrait nier *que le rétablissement de cette race de princes* ne dût être au moins un moyen d'ouverture aux négociations de paix, lorsque, d'une part, depuis huit ans que dure la guerre, les puissances coalisées n'ont cessé de répéter qu'elles combattaient pour le rétablissement de la monarchie en France, et que, de l'autre, tout le monde sait que les Français n'ont pris les armes que pour assurer leur indépendance, et se maintenir dans le droit qu'ils prétendent avoir de se donner la forme de gouvernement qu'ils jugent leur convenir le mieux ? Comment soupçonner la franchise de celui qui dit à l'autre : Abandonnez toutes vos prétentions, accordez-moi toutes les miennes ; et les obstacles qui s'opposent à des négociations de paix, deviendront possibles à écarter !

Et combien cette communication franche n'ajoute-t-elle pas de poids à la déclaration faite immédiatement après, *que sa majesté ne prétend pas prescrire à la France quelle sera la forme de son gouvernement, ni dans quelles mains elle déposera l'autorité nécessaire pour conduire les affaires d'une grande et puissante nation !*

Quoi de plus loyal, quoi de plus raisonnable, que de dire à un peuple : « Je ne prétends pas vous prescrire la forme de votre gouvernement ; seulement je me réserve de vous faire la guerre jusqu'à ce que vous ayez adopté la forme de gouvernement que je vous prescris ! Ce puissant raisonnement, qu'il ne suffisait pas de trouver, mais qu'il fallait encore avoir le courage de produire, était, j'ose le dire, le seul qui pût clairement faire connaître à tous quelle est votre étonnante franchise.

Mais ce que j'admire sur-tout, c'est que chez vous, mon cousin, la franchise ne nuit pas à la prudence; et j'avoue que, jusqu'à ce jour, je n'avais pas été sans quelque inquiétude à ce sujet : j'avais peine à comprendre quel intérêt assez puissant pouvait vous porter à faire répandre tant de sang, à dépenser tant de trésors, pour forcer la France à reprendre un Gouvernement qui, à votre avis, doit lui rendre sa prospérité au dedans, et lui assurer de la considération au-dehors. Mais la parfaite mesure que vous savez mettre dans vos discours, m'a totalement rassuré, en me faisant connaître que le prix que vous mettiez *au rétablissement de cette race de princes*, n'était pas du tout la conclusion de la paix, mais seulement la possibilité d'ouvrir des négociations, quelle qu'en doive être l'issue. Alors je me suis retrouvé sur le véritable champ de la politique anglaise : d'abord de ne négliger aucune occasion d'affaiblir les unes par les autres, toutes les puissances du continent, afin de s'assurer exclusivement l'empire des mers, et d'envahir ainsi le commerce du monde; ensuite, de diriger les principaux efforts contre la France, comme la seule ou la plus capable d'opposer d'efficaces obstacles à ce vaste projet. Je vous le dis avec plaisir, mon cousin, je n'aurais pas mieux fait moi-même.

Toutefois, ce qui vous honore le plus à mes yeux, comme à ceux de tous les gens de bien, ce n'est pas cette politique aussi profonde qu'utile qui vous fait suivre avec tant de constance le système d'une guerre éternelle et d'extermination, dont malheureusement les motifs secrets commencent à être trop connus; c'est bien plutôt l'annonce publique et solennelle de votre retour dans les voies de la justice; c'est ce courage à proclamer le premier que toute paix doit être refusée aux nations qui ne veulent plus se laisser gouverner par leurs légitimes souverains, et qu'il n'y a ni sûreté ni garantie à espérer, en traitant avec des usurpateurs.

Ces principes, que j'ai si constamment et si vainement professés, il vous appartient, sans doute, de les faire adopter à toutes les puissances ; vous qui, plus encore que vos aïeux, avez donné tant de preuves de cette vérité depuis que vous occupez le trône d'Angleterre.

Mais sûrement, mon cousin, vous savez comme moi que la plus saine doctrine ne peut avoir un plein succès, si ceux qui s'en rendent les apôtres négligent de joindre l'exemple au précepte. C'est donc pour concourir, autant qu'il est en moi, au triomphe de votre excellente morale, que je prends le parti de vous prévenir, en vous demandant de me faire savoir quel moment vous sera plus opportun pour me rendre enfin l'héritage de mes pères, en me replaçant sur un trône trop long-temps usurpé. Soyez assuré, mon cousin, *que le rétablissement de cette race de princes qui, durant tant de siècles, surent maintenir au dedans la prospérité de la nation* ***ANGLAISE***, *et lui assurer de la considération au dehors*, ***SERA AUSSI UN PUISSANT MOYEN*** *d'écarter à l'instant les obstacles qui s'opposent aux négociations de paix.*

D'après *les preuves fréquentes que vous avez données de votre desir sincère pour le rétablissement d'une tranquillité sûre et permanente en Europe*, il ne m'est pas permis de douter de votre empressement à saisir cette occasion de convaincre les plus incrédules, de vos intentions pacifiques. Je serais donc incessamment parti pour Londres, si je n'avais été retenu par une légère considération que je vais vous communiquer, et que vous approuverez sans doute.

Vous sentirez facilement qu'il serait peu convenable qu'en recouvrant un trône usurpé sur moi, je me rendisse, par-là même, usurpatenr de trônes étrangers. Je vous prie donc, mon cousin, de donner les ordres les plus prompts pour qu'on rende aux enfans de *Tippoo-Saïb* les États usurpés sur eux, et pour qu'on traite de même tant d'autres souverains de l'Inde, malheureuses victimes d'un oubli momentané des principes qui vous dirigent. Outre l'esprit de justice qui me fait un devoir de ces restitutions, vous concevez que ce sera encore un moyen de plus d'*écarter les obstacles qui s'opposent aux négociations de paix.*

Les demandes que je vous fais ici, mon cousin, sont des conséquences tellement rigoureuses du système exposé en votre nom par lord *Grenville* dans sa réponse à la lettre du premier Consul de la République française, qu'elles ne peuvent manquer d'avoir votre assentiment. Mais puisque je dois, dès ce moment, me regarder comme rétabli sur le trône d'Angleterre, il est de mon devoir, et sans doute vous trouverez bon, que je continue de m'entretenir avec vous sur les suites d'un événement aussi majeur que les propositions qui vous ont été faites par le Gouvernement français, et particulièrement que je vous fasse quelques observations sur le discours prononcé à ce sujet par lord *Grenville*, à la séance du 28 du mois dernier.

Celle-ci n'étant à autre fin, je prie Dieu, mon cousin, qu'il vous ait en sa sainte et digne garde.

SECONDE LETTRE du cardinal d'Yorck, *au roi d'Angleterre.*

MON COUSIN,

A présent que je suis d'accord avec vous sur le passé, comme vous avec moi sur l'avenir, et que, pour quelques momens encore, nous régnons par indivis sur les trois royaumes, je juge convenable que vos communications soient fréquentes et franches, et que je vous aide de mes lumières sur la conduite à tenir dans les circonstances majeures où nous nous trouvons, et qui fixent sur nous les regards de l'Europe attentive. C'est sous ce point de vue que je vais examiner avec vous l'étrange discours prononcé par lord *Grenville* dans la chambre haute, le 28 du mois dernier, et vous faire à ce sujet quelques observations dont j'espère que vous sentirez l'importance.

Ce n'est pas que je n'approuve pleinement l'intention de l'orateur et le sujet de son discours. Susciter à la France autant d'ennemis qu'il nous sera possible, et redoubler d'efforts pour déconsidérer son gouvernement, à mesure qu'il prend, aux yeux de toutes les autres cours, plus de consistance et de dignité, assurément, et jusque-là, rien de mieux : c'est suivre dans toute sa pureté le système constant du cabinet britannique; et certes, si mes aïeux ni les vôtres ne s'en sont jamais écartés, même à l'égard de la France monarchique, il est bien plus essentiel de le suivre à l'égard de la France républicaine, qui, depuis sa malheureuse révolution, semble augmenter chaque jour en énergie et en ressources.

Mais comment supporter qu'un plan si sagement conçu soit si misérablement exécuté ! Auriez-vous donc permis à lord *Grenville* de composer lui-même son discours, et n'était-ce pas assez pour sa force de l'apprendre et de le débiter ! Comment n'avez-vous pas senti que, puisque *Bonaparte* était parvenu, par son insidieuse démarche, à s'emparer des avantages que pouvaient fournir la vérité et la raison, il fallait, pour le combattre avec quelque apparence d'égalité, un orateur qui sût au moins rendre le mensonge vraisemblable, et le sophisme spécieux ! et comment avez-vous pu permettre que, dans une discussion si importante et si solennelle, le discours d'un de vos ministres ne contînt que des faits dont la fausseté était d'avance consignée dans toutes les gazettes, et des raisonnemens tellement puérils, que je les appellerais des niaiseries, sans les égards dont je ne veux jamais me départir envers un noble lord.

Mais, quel nom donner cependant à ce mouvement oratoire, où lord *Grenville* déplore les troubles, les ravages qui affligent les nations, dans une guerre soutenue de part et d'autre avec tant d'acharnement ; plaint les souffrances des nations de l'Europe (heureusement encore n'a-t-il pas parlé des nations de l'Asie) ; regrette la vie de tant de braves gens qui périssent en combattant pour leur patrie ; s'afflige des malheurs des peuples dont le territoire est devenu le théâtre de la guerre ; et finit cette longue complainte par ne voir *que la guerre* qui puisse remédier à ces maux. Enfin, il ajoute, peu après, que cette guerre, il faut la soutenir avec énergie, contre une puissance qui veut *asservir le monde pour le ravager :* sans réfléchir qu'une puissance qui aurait asservi le monde, n'aurait assurément aucun intérêt pour le ravager ; et sans s'apercevoir qu'il réveille le soupçon déjà si répandu, que l'intérêt de certaine puissance est précisément de faire, à prix d'or, *ravager le monde pour l'asservir.* Et voilà *les importantes considérations* par lesquelles l'honorable lord prétend persuader qu'il desire sincèrement la paix !

Plus loin, s'il veut prouver péremptoirement qu'il n'est pas possible de traiter avec la France, quelle raison en donne-t-il ? c'est que la France fait la guerre depuis huit ans : de sorte qu'à son dire, on ne pourrait faire la paix qu'avec les nations qui ne seraient point en guerre.

Bientôt après il reproduit les mêmes raisonnemens, et conclut des conquêtes faites par la France jusqu'à ce jour, qu'il ne peut pas être vrai qu'aujourd'hui la France renonce aux conquêtes.

Enfin, et toujours avec la même logique, il s'empresse de publier « que les auteurs de la dernière révolution ont » fondé leurs droits à l'assentiment du peuple, sur le désa» veu des principes vicieux de l'ancien gouvernement » précédent ; » et c'est là seule preuve qu'il donne que le gouvernement actuel persiste dans les mêmes principes.

Je sais bien que, soit à la chambre haute, soit à la chambre des communes, c'est seulement de la générosité du ministère, et non de l'éloquence du ministre, que dépend le vœu de la majorité : je conviens que si les débats du parlement ne devaient pas sortir de son enceinte, cette perpétuelle déraison aurait bien peu d'inconvénient, et fournirait même une mesure aussi curieuse qu'utile du degré d'accroissement de la puissance royale. Mais comment ne pas craindre l'effet que doit produire, dans les différentes cours de l'Europe, et particulièrement sur nos alliés, l'allégation de motifs aussi peu plausibles, pour se refuser à des négociations qui eussent amené si vraisemblablement une paix générale, dont toutes les nations sentent également le besoin! comment ne pas craindre qu'ils ne finissent par s'apercevoir qu'ils ne font pas la guerre pour leur intérêt, mais seulement pour le nôtre! Etes-vous assez sûr qu'ils ne se lasseront pas bientôt de dépeupler et de ruiner leurs États pour le seul plaisir d'y établir notre monopole dans les quatre parties du monde! Quelle garantie avez-vous enfin qu'ils n'aimeront pas mieux accéder à des propositions justes et raisonnables, présentées avec franchise, que de rester éternellement les stipendiaires d'une puissance qui ne prend plus même le soin de leur cacher ses avides prétentions!

Je conviens que, dans la situation où vous plaçait cette proposition de paix inattendue, il était difficile de se défendre par de bonnes raisons; mais convenez aussi qu'il était impossible d'en donner de plus mauvaises.

Et ce qui m'afflige bien davantage, c'est que l'honorable lord a été plus malheureux encore dans les moyens qu'il a employés pour tenter de jeter de la défaveur ou de la déconsidération sur *Bonaparte*. Sans doute, il était toujours bon de dire que le Gouvernement français avait seul tous les torts vis-à-vis de la Sardaigne, de la

Toscane, de Rome, de Naples, de la Suisse, &c., &c. Si ces fausses allégations révoltent un peu les gens instruits, les parties intéressées ne laissent pas d'y applaudir, et la multitude peut rester dans le doute. Mais comment prétendre persuader à quelqu'un qu'on peut reprocher ces torts à *Bonaparte*, quand tout le monde sait que, pendant toute cette série d'événemens, il était occupé à la conquête de l'Égypte ! et sur-tout comment votre ministre, après avoir fait un de ses plus graves sujets de reproche contre la République, de *l'envahissement de l'Égypte*, et d'avoir ainsi séparé de l'Empire ottoman une vaste portion de son territoire, comment, dis-je, peut-il entreprendre de nous représenter ce général *envahissant*, comme fugitif du pays dont il a fait la conquête ? Ah ! mon cousin, unissez vos prières aux miennes, pour qu'il ne fasse pas quelque jour une semblable fuite de l'Angleterre, c'est-à-dire, après en avoir soumis les habitans, y avoir établi un Gouvernement nouveau, et en y laissant une armée formidable, commandée par des généraux habiles.

Quelle a donc pu être l'intention de l'honorable lord, en imaginant cette prétendue fuite ? était-ce de jeter des soupçons sur la bravoure de *Bonaparte* ! mais tous ses jours sont marqués par des combats, et tous ses pas par des triomphes ; et il n'existe aucun peuple qui n'ait craint ou admiré ses armes victorieuses. Comment votre ministre n'a-t-il pas aperçu qu'un tel reproche, aussi dénué de fondement que de vraisemblance, et que tant d'ennemis vaincus s'empresseraient de démentir autant par intérêt que par justice ; comment, dis-je, ce ministre n'a-t-il pas aperçu que le choix d'un tel reproche était l'aveu tacite qu'il n'y en avait aucun à lui faire !

Qu'aurait donc fait, à la place de lord *Grenville*, je ne dis pas un orateur adroit, mais tout homme de sens ? il aurait franchement avoué le courage incontesté de *Bonaparte*, mais il aurait tenté d'en atténuer le mérite. Je ne suis assurément ni orateur ni ministre ; je n'ai jamais été qu'un cardinal : mais enfin, si j'avais eu à remplir la tâche pénible imposée à l'honorable lord, j'aurais, par exemple, fait remarquer à la chambre, que ce mérite de bravoure se trouvant jusque dans le dernier soldat français, ce n'était donc pas une qualité si précieuse et si rare ; j'aurais cherché à mettre ce général en parallèle, non pas avec quelque héros fameux, tel, par exemple, que mon cousin le duc *d'Yorck*, dont les exploits n'ont point de modèle dans les hauts faits des grands capitaines, mais je l'aurais comparé à quelque personnage bien obscur, bien inconnu, et j'aurais fait en sorte que l'avantage restât à celui-ci.

Qu'a donc fait, aurais-je pu dire, ce *Bonaparte* tant vanté ! il a gagné quantité de batailles, je le sais ; emporté beaucoup de places fortes, dont plusieurs réputées imprenables, j'en conviens ; conquis même de nombreux et vastes états, je ne prétends pas le nier : mais enfin je ne vois là qu'un courage facile, c'est celui de la gloire ; tandis que si je contemple *un fidèle serviteur de la couronne*, s'efforçant, pour complaire à son maître, d'accumuler aux yeux de l'univers, des faits reconnus faux et de plus faux raisonnemens, et bravant à-la-fois, avec la même audace, le désaveu des gens instruits et la réfutation des hommes sensés, c'est là que je reconnais véritablement un courage rare et pénible; c'est celui de la honte. Croyez-moi, mon cousin, un tel morceau dans le discours de lord *Grenville* n'eût pas été inutile à sa gloire.

Plaise au ciel que vos autres ministres fassent mieux! Je ne puis vous dissimuler que nous commençons à en avoir besoin; car il serait bien dur, après avoir, depuis tant d'années, épuisé nos trésors pour salarier presque toute l'Europe, de finir, comme je crains que cela n'arrive bientôt, par en devenir l'horreur ou la risée.

Celle-ci n'étant à autre fin, je prie dieu, mon cousin, qu'il vous ait en sa sainte garde.

Troisième Lettre du cardinal d'Yorck *au roi d'Angleterre.*

Mon Cousin,

Je ne puis vous dissimuler plus long-temps la surprise où je suis de n'avoir encore reçu de votre part aucun avis officiel des mesures que vous avez dû prendre pour que mon installation dans mon royaume d'Angleterre se fasse avec toute la promptitude qu'exigent les circonstances actuelles. Je ne veux assurément point porter de jugement téméraire ; et, quoi qu'en publient toutes les cours de l'Europe, je persiste à penser que vous professez sincèrement les saines maximes que vous avez eu le courage de publier contre l'usurpation et les usurpateurs. Néanmoins, comme il serait possible que, même en cette occasion, la force de l'habitude vous fît trouver encore quelque difficulté dans la pratique de la bonne-foi, je crois devoir vous faire connaître que votre intérêt personnel ne milite pas moins que celui de mes fidèles sujets et le mien, en faveur de la restitution du trône d'Angleterre à son légitime possesseur.

Et pour ne parler ici que des motifs les plus puissans comme les plus respectables, remarquez, mon cousin, que déjà, et sans doute en punition des retards dont je me plains, déjà, dis-je, le courroux du ciel s'est manifesté d'une manière vraiment alarmante, en répandant sur vous et sur vos minitres,

> Cet esprit de vertige et d'erreur,
> De la chute des rois funeste avant-coureur.

Vainement accorderait-on que la faiblesse de l'esprit humain peut suffire à expliquer, par des causes naturelles, l'absence du raisonnement qui caractérise votre réponse à la lettre, malheureusement si pleine de raison, du premier consul de la République française.

Vainement encore prétendrait-on expliquer par le genre d'esprit connu de lord *Grenville*, cette miraculeuse puissance qui n'a pas permis que, dans le discours si long qu'il a prononcé à la chambre haute, il pût placer une seule vérité ni une seule raison.

Que pourront dire cependant les plus incrédules, et comment ne pas reconnaître le doigt de Dieu, en voyant votre chancelier de l'échiquier, victime du même fléau, d'une part, se perdre en divagations éternelles, sans parvenir à aborder la question dans l'état où elle se trouve maintenant; de l'autre, ne faire qu'une insultante satire de ses alliés quand il croit injurier son ennemi; enfin, faible jouet de la colère céleste, divulguer lui-même quelques-unes des arrière-pensées qui, depuis si long-temps, sont les principales bases de la politique anglaise, et qu'il avait cachées, avec autant de succès que de soin, jusqu'à ce moment, où la puissance divine a retiré de lui tout esprit de sagesse!

Si les détails de votre vie privée vous laissaient assez de loisir pour donner quelques momens aux affaires, je vous prierais, mon cousin, de lire ou de faire lire en entier le discours de M. *Pitt* ; et je vous demanderais comment un si fameux orateur a pu, sans miracle, se trouver ainsi subitement purgé de logique et d'esprit. Mais, dans l'impossibilité où vous êtes de fixer votre attention sur de pareils objets, je me réduirai à vous citer de ce discours quelques traits pris au hasard.

M. *Pitt* cherche d'abord à établir que dans la guerre qui subsiste entre les deux nations, le cabinet britannique n'a pas été l'agresseur..... Je sais bien qu'une proposition aussi fausse n'était pas susceptible de preuves rigoureuses : mais, d'abord, que n'imitait-il la sagesse de lord *Malmesbury*, qui, dans les négociations précédentes, avait prudemment écarté cette question comme inutile ! Enfin, puisqu'il voulait la traiter, au moins fallait-il donner des raisons plausibles : mais point du tout ; dans le dénuement de preuves où il se trouve, il est réduit à prétendre que M. *Chauvelin* n'était pas l'ambassadeur de France. Il entend qu'on regarde comme une agression de la part des Français, un décret qui, même en le jugeant avec la plus grande rigueur, ne serait qu'une représaille bien imparfaite des diatribes virulentes de M. *Burke*, si notoirement payées par le gouvernement anglais. Il croit justifier l'Angleterre des troubles excités en France, en alléguant que *Brissot* et *Robespierre*, chefs de deux partis opposés, en profitaient pour s'en faire un mutuel sujet de reproche ; et ne dit rien qui puisse détruire ou affaiblir tant de preuves acquises soit par la fabrication anglaise et ministérielle de faux assignats, qui servaient à payer si généreusement les subsides des départemens insurgés, soit par les armes et les munitions de guerre saisies ou livrées dans les mêmes départemens, et qui toutes étaient également de fabrique anglaise ; soit encore par cette quantité de chevaux, tous anglais, et que montaient tous les cavaliers insurgens ; soit enfin par les aveux multipliés des chefs, à mesure qu'ils ont été pris ou qu'ils se sont soumis.

Il trouve suffisante une simple négation du traité de Pavie, malgré les copies authentiques qui en existent ; et quant au traité de Pilnitz, qu'il est bien forcé d'avouer, il se réserve le droit d'en comprendre seul le véritable sens, et accuse l'Europe entière d'y avoir donné une interprétation erronée. « Enfin, dit-il, la modération de » l'Angleterre était si grande, qu'elle n'avait alors d'autre » prétention que d'obliger la France à retirer ses armées » et à restituer ses conquêtes, et qu'elle lui offrait à ce » prix de ne point se mêler de ses affaires. » Je voudrais bien savoir ce qu'elle pouvait prétendre de plus en s'en mêlant.

Ailleurs, M. *Pitt* essaie, avec moins de succès encore, de renchérir sur les injures déjà prodiguées à *Bonaparte* par lord *Grenville*. Celui-ci lui avait refusé la bravoure, celui-là lui refuse le talent et même la fortune : de manière qu'il résulte des discours de ces deux orateurs, que les armées des puissances coalisées, si souvent dispersées ou détruites, l'ont toutes et toujours été par un général sans bravoure, sans talent et sans fortune. Auriez-vous cru possible, mon cousin, qu'un de vos ministres eût l'inconsidération de provoquer à ce point le mépris de l'univers contre tant de braves nations qui, depuis si long-temps, ne font la guerre que par vous et pour vous! et ne reconnaissez-vous pas, à ce trait de démence, un nouveau symptôme de la colère du ciel, qui permet que les coups dirigés contre vos ennemis, reviennent, sans les avoir atteints, pour ne frapper que vous et nos fidèles alliés!

N'aperçoit-on pas la même aliénation d'esprit, dans cette remarque faite si à propos par votre ministre: « Que » la renommée de *Bonaparte* s'éclipse auprès des exploits » d'un général supérieur en fortune comme en talent, et » que son étoile obscurcit sa pâle lumière devant la » splendeur croissante de *Suwarow!* »

Et si une telle phrase n'était pas évidemment dictée par le délire, ne serait-on pas révolté de cette insultante ironie contre un brave et vieux guerrier qui, dans le cours de sa longue carrière, n'avait point connu les défaites avant d'avoir affronté les armes françaises?

C'est encore avec la même adresse, ou plutôt par l'effet de la même cause, que M. *Pitt* cite en témoignage du peu d'amour des Français pour leur Gouvernement actuel, les provinces occidentales de la France, au moment même où toutes ces provinces se réunissent de concert à la mère patrie, et livrent à l'envi au général conciliateur, les armes et les munitions que l'Angleterre leur avait fournies à si grands frais.

Mais sur-tout, quelle autre puissance que la puissance à qui tout cède, aurait pu forcer un ministre, jusqu'alors si impénétrable, à trahir à-la-fois nos secrets et les siens, par des aveux également faits pour éloigner de nous, et nos alliés, et nos propres sujets.

Comment, par exemple, espérer de décider à présent l'empereur de Russie à sacrifier encore cent mille de ses sujets, pour le plaisir de donner un roi à la France, qui n'en veut point, quand M. *Pitt* déclare en plein parlement, « qu'il n'a jamais cru possible ni jamais desiré de » rétablir de force la monarchie en France ! » *Paul I.er* ne vous dira-t-il pas, avec raison, que pour traiter une affaire de gré à gré, il est bien inutile de faire venir des armées de si loin ? Et quand le même M. *Pitt*, dans son tendre intérêt pour la république de Venise, traite l'empereur d'Allemagne comme un recéleur d'effets volés, parce qu'il avait reçu une conquête faite par les Français en compensation d'autres conquêtes faites sur lui, est-ce là le moyen de déterminer cet empereur à supporter à lui seul, et pour notre seul intérêt, tous les malheurs d'une guerre si désastreuse ?

Enfin, le pis de tout, selon moi, c'est l'aveu fait par votre ministre, que vous n'êtes entré deux fois en négociation avec la France que pour vous procurer les moyens de surcharger d'impôts le peuple anglais ; et que, dans le fait, au lieu de lui prendre son argent, parce que vous faites la guerre, vous ne faites réellement la guerre que pour lui prendre son argent. Et voilà à quoi aboutissent, en dernière analyse, tant d'efforts faits jusqu'à ce jour, par M. *Pitt* lui-même, pour nationaliser, suivant son expression, la guerre qu'il veut continuer contre la France !

Sans doute, mon cousin, en voilà bien assez pour vous faire connaître que la main de Dieu s'est appesantie sur vous et sur vos ministres, et vous a tous également privés de raison. Hâtez-vous donc de venir à résipiscence, et de me rendre enfin un trône si long-temps usurpé; ou craignez que le ciel, dans sa colère, ne permette bientôt que *Bonaparte* vous en fasse descendre.

Celle-ci n'étant à autre fin, je prie Dieu, mon cousin, qu'il vous ait en sa sainte et digne garde.

Lettre de Louis XVIII *au roi d'Angleterre.*

Mon Cousin,

Vous apprendrez, sans doute avec plaisir, qu'au milieu des tribulations qu'il a plu au ciel de m'envoyer, et des innombrables dégoûts dont il permet que les hommes m'abreuvent, mon cœur royal a cependant éprouvé un moment de satisfaction, et s'est en quelque sorte rouvert à l'espérance, à la nouvelle de l'éclatant témoignage que vous venez de rendre à la justice de ma cause et à la mémoire de mes aïeux.

En effet, sous quels vains prétextes mes infidèles sujets pourraient-ils persister dans leur révolte, à présent que vous-même me reconnaissez pour roi de France; vous qui, seul entre tous les souverains, aviez jusqu'à ce jour si constamment refusé ce titre à mes augustes prédécesseurs ! et quelles plaintes les Français oseraient-ils faire entendre, quand vous daignez les assurer *que cette race de princes* dont les ingrats ne veulent plus, *sut, durant tant de siècles, maintenir leur prospérité au-dedans, et leur assurer de la considération et du respect au-dehors.*

Il était, sans doute, également digne de la grandeur de votre caractère et de la force de votre esprit, de donner cette double preuve, d'une part, que vous préférez l'utile vérité du moment aux antiques sophismes d'une politique mensongère ; et de l'autre, que les plaintes de trente millions de sujets ne peuvent ébranler l'opinion d'un roi.

Je vous le dis sans flatterie, mon cousin, la vigueur de vos raisonnemens égale celle de vos troupes; et si ces enragés de rebelles osaient repousser encore ou les uns ou les autres, ils ne feraient que s'enfoncer de plus en plus dans la honte du jacobinisme; tandis que votre logique et vos armées, couvertes d'une même gloire, ajouteraient chaque jour à la réputation qu'elles se sont acquise pendant le cours du règne de votre gracieuse majesté.

Assurément, je puis ici parler sans intérêt ; l'univers sait combien je suis étranger à cette vicissitude de succès et de revers que la guerre peut faire éprouver. Fidèle à mes principes et à la dignité de mon caractère, j'ai senti, dès l'origine de cette querelle, qui embrase aujourd'hui les quatre parties du monde, qu'il ne me convenait nullement de chercher à acquérir, par le sort douteux des combats, un royaume dont, quoi qu'il arrive, je resterai toujours le seul propriétaire; puisque, comme chacun sait, je le tiens uniquement de Dieu et de mon épée. Eh bien, mon cousin, je suis prêt à déclarer à la face de l'univers, que, dans cette lutte politique et guerrière qui s'est élevée entre vous et les Français, vous les avez aussi souvent battus par vos raisonnemens que par vos armées!

Je reviens au plaisir que m'a fait éprouver la manifestation de vos sentimens, tant pour moi que pour les miens. Elle a sur-tout dissipé des doutes qui m'affligeaient profondément. Je reconnais aujourd'hui la pureté de vos intentions ; et je ne vois plus qu'une politique officieuse, où j'avais craint de rencontrer quelques traces d'ambition et d'intérêt. C'est, mon cousin, lorsqu'après avoir acheté mon port de Toulon, vous vous y conduisîtes en effet en véritable propriétaire, en permettant que vos généraux y donnassent tous les ordres en votre nom. J'avoue que je ne sus pas alors démêler les véritables motifs de cette conduite ; mais, d'après vos déclarations présentes, je vois bien que c'était, de votre part, une innocente ruse, dont l'objet était de ramener d'abord les Français aux principes de la monarchie ; ensuite, et afin de ne les rendre que parfaitement corrigés à leur légitime souverain, de les soumettre pendant un temps plus ou moins long, et dont les circonstances auraient déterminé la durée, à la domination d'un monarque étranger.

Cette conduite franche donne si bien la mesure de la confiance que vous méritez, qu'elle m'encourage à vous faire, en ce jour, quelques demandes qui me paraissent n'être plus susceptibles d'aucune difficulté.

Ce serait d'abord de faire effacer de vos armoiries les armes des rois de France, qui, portées depuis si long-temps par vous et vos prédécesseurs, pouvaient alors n'être regardées que comme l'affiche d'une vaine prétention, mais qui deviendraient une usurpation réelle envers une race de princes qu'on peut bien regarder comme ruinée, puisqu'il ne lui reste d'autre patrimoine que la gloire de ses armes.

Ce serait encore de faire pareillement effacer le titre de roi de France, qu'on a toujours lu, avec tant de surprise, dans les traités et les diplomes faits en votre nom.

Ce serait enfin de rendre ce titre à ses véritables possesseurs, en le faisant substituer, dans tous les actes conservés dans vos archives, à la dénomination bizarre de *roi français*.

Si je n'aimais à me persuader que le desir de m'obliger sera pour vous un motif suffisant d'accéder à mes justes demandes, je vous représenterais d'abord que c'est un si triste rôle que celui d'un roi qui n'ose pas mettre le pied dans son royaume, qu'il faut en vérité ne pouvoir pas en remplir d'autre pour y attacher quelque prix.

Mais je réclamerais sur-tout cette amitié tendre qui, comme l'histoire en fait foi, a toujours uni votre maison à la mienne, et à laquelle je dois sans doute en ce moment le touchant intérêt que vous prenez à moi et à toute ma race de princes. Je vous citerais particulièrement mon auguste frère, qui, pendant son règne trop court, se donna tant de soins pour ajouter à votre gloire, en vous procurant une occasion de plus de prouver votre desir constant pour la sûreté et la tranquillité du monde, par la paix qu'il vous mit à même de conclure avec les États-unis d'Amérique; avantage que n'avait encore eu aucun des rois vos prédécesseurs.

Quant à moi, mon cousin, à qui le malheur des temps ne laisse que des promesses à vous offrir, soyez au moins bien assuré que mon desir le plus vif est de me trouver quelque jour dans le cas de vous rendre le même genre de service que je viens de recevoir de vous, et qui, je le proclame hautement, a autant amélioré ma situation, qu'efficacement concouru à procurer et garantir dès ce moment la sûreté et la tranquillité de l'Europe.

La présente n'étant à autre fin, je prie Dieu, mon cousin, qu'il vous ait en sa sainte et digne garde.

98

www.ingramcontent.com/pod-product-compliance
Ingram Content Group UK Ltd.
Pitfield, Milton Keynes, MK11 3LW, UK
UKHW012130240726
13965UKWH00005B/2087

9 782013 052429